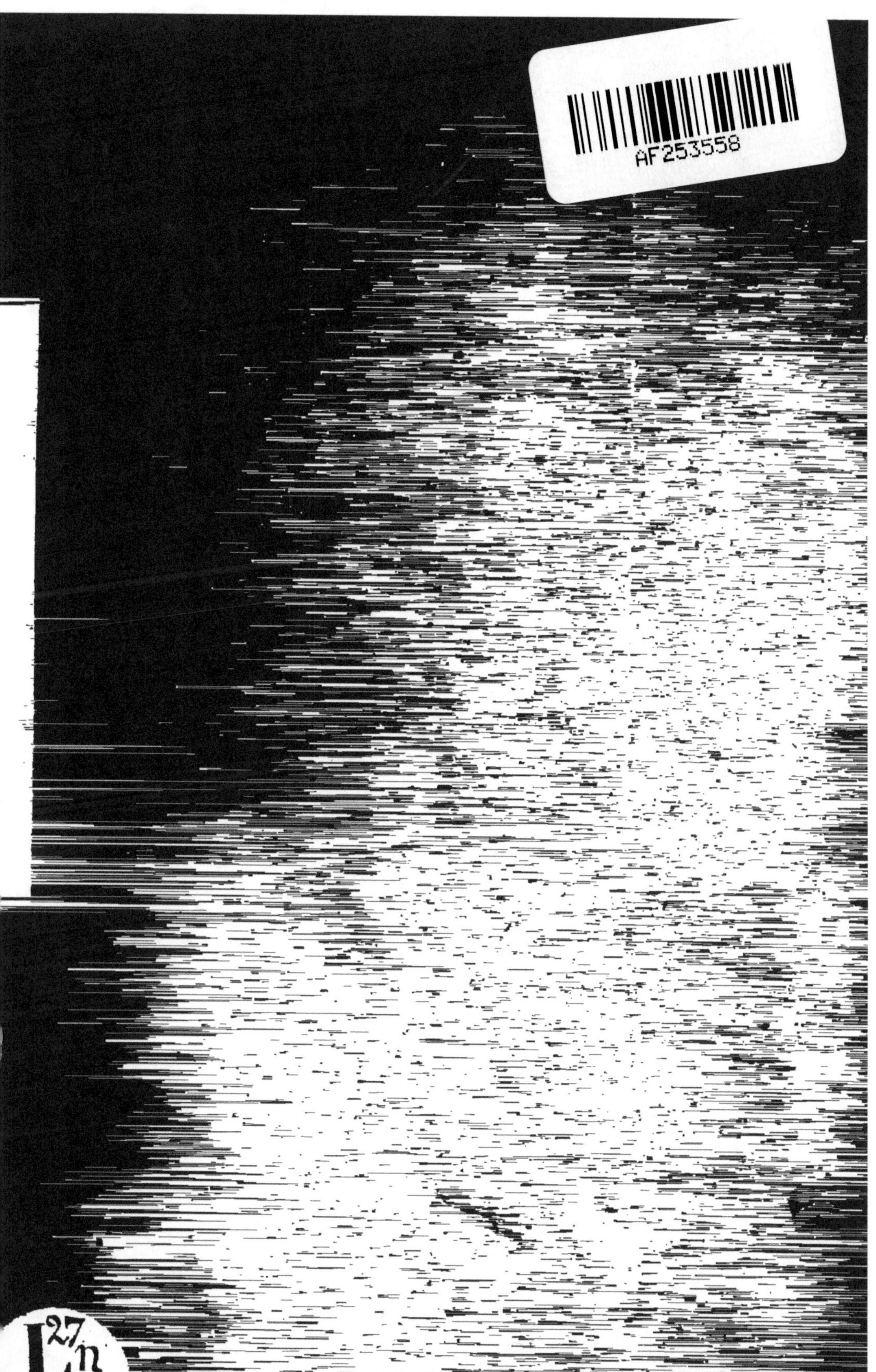
AF253558

ÉLOGE

DU

LIEUTENANT-GÉNÉRAL BARON DELORT

prononcé le 7 août 1869, à la distribution des prix du collége

A ARBOIS

PAR

HENRI CHAPOY

ARBOIS

IMPRIMERIE ET LITHOGRAPHIE D'ÉMIR JAVEL

—

1869

ÉLOGE

Permettez, chers élèves, au plus jeune de vos maîtres de vous adresser les adieux de tous, et de résumer leurs derniers conseils dans ce mot du vieillard de La Fontaine:

« Travaillez, prenez de la peine :

» C'est le fonds qui manque le moins. »

Parmi vous, les uns cultivent les sciences, les autres les lettres ; à tous je dirai : travaillez. Toutefois, il est une étude que je vous recommanderai surtout, celle des lettres, qui sont un ornement chez les hommes de science, et le baron Delort votre compatriote, bienfaiteur de votre collége, sera l'exemple que je vous présenterai pour vous faire admirer leur puissance. Elles ont allégé ses peines, lui ont permis de faire du bien à ses semblables, à sa patrie : il a aimé les lettres, les jeunes gens et son pays; voilà pourquoi il est digne d'être votre modèle, et mérite, avec votre respect, votre reconnaissance.

I. La vie n'est qu'une apparition sur la terre si l'on ne profite de tous les instants qu'elle nous donne pour fortifier notre âme, orner notre esprit. Que sont en effet la jeunesse, l'âge mûr, sinon de rapides étapes sur le chemin de la vieillesse et du tombeau? La mort vient et surprend les hommes, ils subissent sa loi, et pour la plupart, qu'ont-ils fait? Rien. Ils se plaignent du peu de temps que la nature leur a accordé pour vivre. Malheureux! ils étaient riches de vie, mais leur prodigalité les a rendus pauvres[1]. Ce n'est pas tout de vivre, il faut bien vivre, et, par un sage emploi du temps, augmenter la durée de sa vie.

Celui qui verse son sang pour son pays, celui qui consacre au soulagement des malades les heures du jour et de la nuit, le laboureur qui creuse péniblement un sillon, passent sur la terre en travaillant et en faisant le bien, mais ils n'ont vécu que leur vie propre, et elle a été bien courte. Comment peut-on vivre en quelque sorte d'une vie plus large? En s'adonnant à la culture des lettres.

Leur domaine est celui de la pensée dans tous les temps et dans tous les lieux.

Les poètes apparaissent d'abord : Moïse chante les merveilles de la création ; Homère célèbre la colère d'Achille, raconte les voyages d'Ulysse et nous fait assister aux premiers progrès de l'esprit humain. C'est une mine féconde qu'exploiteront les tragiques : Eschyle, Sophocle, Euripide, lui demanderont tour-à-tour les secrets des familles dont l'histoire forme le fond de l'épopée. Chez les Latins, les Arvales et les Saliens sont les organes de la poésie en attendant les Plaute, les Térence, les Virgile, les Horace ; en France, ce sont les trouvères et les troubadours qui préparent la langue des Malherbe, des Corneille et des Racine.

---

1. Sénèque. De brev. vitæ. I. 2..... major pars mortalium de natura conqueritur, quod homini tam breve ad vivendum tempus detur. Verum non inopes vitæ, sed prodigi sumus...... **Vivere, bonum non est, sed bene vivere.....**

Aujourd'hui la poésie épique, le théâtre, n'éveillent guère l'attention ; c'est l'histoire qui passionne les esprits. L'homme veut savoir ce qu'est cette terre qu'il habite, quelles générations l'y ont précédé, quels faits elles ont accomplis. Noble tendance, vrai caractère de notre siècle, l'étude de l'histoire entraîne tout, poètes lyriques ou dramatiques, littérateurs, philosophes, tous s'occupent d'histoire : Lamartine chante, et il quitte sa lyre pour rivaliser avec les Thierry, les de Barante, les Thiers et les Guizot ; les littérateurs écrivent des biographies et Cousin appuie sur l'histoire une nouvelle école philosophique. Avide de savoir, inquiet, l'homme à notre époque a donc plus que jamais besoin de faire de sérieuses études littéraires ; il faut qu'il connaisse quelles étaient autrefois les idées de la Grèce lorsque ses peuples étaient vainqueurs des barbares ou luttaient entre eux : Hérodote prépare cette étude, Thucydide la continue, Plutarque semble l'achever. Est-ce les Romains que l'on veut étudier ? Virgile célèbre leur origine, puis les César, les Salluste, les Tite-Live, les Cicéron, nous transportent au milieu du peuple maître du monde. La carrière est immense, je le répète, il n'y a pas un instant à perdre pour la parcourir. Vivez avec les auteurs de l'antiquité, cherchez le secret de leur grandeur, et bientôt vous sentirez en vous-même quelque chose du feu qui les animait et en faisait, suivant les circonstances, des écrivains, des soldats, des citoyens. Le baron Delort les avait compris, il les avait aimés ; comme littérateur, comme soldat, comme homme, il fut un ancien : aussi, voulant vous inspirer l'amour des lettres, j'ai cru qu'il serait bon de vous rappeler quelques traits de la vie de votre compatriote que ses bienfaits envers ce collége et ce pays rendent digne de vos hommages.

II. C'est ici qu'il naît, c'est ici qu'il vient mourir[1].
Il partage sa jeunesse entre sa famille où l'on forme
son cœur et le collége où l'on développe son esprit. A
peine est-il adolescent que déjà l'on peut beaucoup
espérer de la force de cette âme et de cette intelligence.
On avait besoin à cette époque d'hommes énergiques : la
Révolution française était sur le point d'éclater. Il quitte
l'habit du collégien pour l'uniforme du soldat, mais il
conserve ses livres. Pendant toute sa vie il lit les écrits
immortels de l'antiquité. Il apprend leur science militaire
et politique, il l'étend par l'étude des affaires chez les
modernes, il prête l'oreille aux discours, aux rapports
étonnants de la Constituante, de la Législative et surtout
de la Convention. Son style se forme, ses pensées mûrissent,
bientôt il pourra coopérer au monument littéraire de nos
Victoires et Conquêtes, il racontera les combats auxquels
il a pris part, et dans ces notes rapides, ces vives réflexions,
il prouvera qu'il est aussi versé dans l'art d'écrire que
dans la science militaire.

Plus tard, ses souvenirs privés ne suffisent pas à ses
occupations littéraires ; il cherche dans les auteurs anciens
les passages qui ont quelque rapport avec sa vie ; plus
que tous les autres, un poète le charme ; le baron Delort
s'éprend d'admiration pour un ouvrage « plus durable
que l'airain[2], » et c'est en vulgarisant Horace qu'il veut
rendre utiles même ses loisirs. Il sait depuis longtemps
ce que vaut cet écrivain, il désire faire partager les
jouissances qu'il goûte dans sa lecture et en donne à ses
concitoyens une reproduction aussi fidèle que peut le
permettre le génie différent des deux langues.

A mon avis, une excellente traduction est une œuvre

1. Il naît à Arbois le 16 novembre 1773 et meurt le 28 mars 1846.
2. Horace. Ode 30, liv. III.

impossible : tout auteur est intraduisible, et parmi tous, les poètes sont ceux qui offrent le plus de difficultés. Pour essayer de lutter avec eux, il faut être poète soi-même, sentir en soi « du ciel l'influence secrète[1], » brûler du feu qui a dévoré votre modèle ; aussi, malgré toutes ses richesses, la traduction d'Horace augmenterait peu à mes yeux les mérites du baron Delort si je ne voyais en lui qu'un littérateur, mais c'est un guerrier qui a dit adieu aux champs de bataille pour goûter les joies de la campagne et chercher dans l'étude l'oubli des fautes qu'on a pu commettre à son égard, et qui, grâce à elle, « supporte dans sa solitude, avec résignation, les amertumes dont on l'a longtemps abreuvé[2] ! »

Quelle œuvre produira-t-il et de quelle empreinte sera-t-elle marquée? S'il est vrai que « le style est l'homme même[3], » je n'ai pas besoin de vous rappeler quel a été le caractère du général Delort ; vous l'avez connu, vos pères vous en ont parlé. Vous ne le trouverez plus à Verreux, la mort vous l'a depuis longtemps enlevé, il est cependant resté au milieu de ses amis. Dans cette salle qu'un ancien et savant professeur de ce collége[4] a enrichie de précieux volumes, s'élève un buste en marbre. De qui sont ces traits? Que vous ont dit ce front haut fortement modelé, ces tempes, ces joues où se sont creusées des rides profondes? Cet œil plein de feu n'a-t-il point paru sonder votre âme? Ces lèvres ne vous semblaient-elles pas faites pour l'aménité autant que pour le commandement? Cette tête est celle d'un guerrier et

1. Boileau, Art Poét. ch. 1. v. 3.

2. Lettre du baron Delort aux électeurs de l'arrondissement de Poligny et du département du Jura. Paris, 23 juillet 1831.

3. Buffon. Discours sur le style.

4. Emm. Bousson de Mairet.

d'un poète, c'est Delort qu'Huguenin a fait revivre dans ce marbre. Vous avez étudié le visage du traducteur d'Horace, vous avez pénétré son âme, vous connaissez son style : noble, varié, plein d'aisance, il est souple et prend tous les tons, sans négliger l'harmonie. Delort chante les combats et les douceurs de l'amitié en se jouant des difficultés du texte et de la versification. Il est tout rempli de son sujet, c'est lui qui adresse une invitation à un ami, une prière à la divinité ; ne semble-t-il pas décrire sa campagne lorsqu'il montre les neiges amoncelées sur le Soracte ? On le lit en cherchant un simple traducteur, on est tout étonné de trouver un homme, et, comme les premiers critiques de notre pays, on rend hommage au guerrier qui n'a pas négligé son talent poétique.

Ami de toute l'antiquité, il travailla encore pour doter notre pays de savantes éditions polyglottes ; il vécut avec Anacréon, Virgile, les cygnes de Téos et de Mantoue : aussi fut-il un homme agréable, familier sans bassesse, « d'un abord facile, d'une bienveillance soutenue[1]. » Il était à Verreux, « sans envie, sans faste, sans ostentation[2]. » Il était heureux lorsqu'il s'y trouvait avec quelques amis des lettres à qui il offrait pour passe-temps la traduction d'une nouvelle ode ou d'une satire, quelque poésie légère ou le récit d'un épisode des campagnes de Napoléon.

Souvent il était obligé de s'arracher à cette vie intime : il avait toujours été l'ami de la jeunesse, et ses capacités littéraires avaient engagé le gouvernement à le rapprocher de cette intéressante partie de la Société.

---

1. Emm. Bousson de Mairet. Eloge du baron Delort. Séance publique de l'Académie de Besançon, 28 janvier 1847.

2. Bossuet. Or. fun. du pr. de Condé.

III. La jeunesse a en elle le germe de l'avenir d'une nation. Tandis que les anciens s'endorment dans les tombeaux, elle grandit et prend leur place. Heureux les Etats où les nouvelles générations se succèdent avec une ample provision de nobles idées ! Voilà pourquoi, jeunes élèves, la mission de ceux qui vous consacrent leur vie est vraiment généreuse ; j'oserai le dire, elle n'est point au-dessous de la tâche de ceux qui protégent la société contre les criminels ou qui décident de la paix et de la guerre[1]. Tous les gouvernements éclairés le savent, et si la sagesse de la France éclate, c'est surtout dans les soins que l'on apporte maintenant à l'instruction et à l'éducation de la jeunesse.

On en connaît le prix, et pour les particuliers et pour le pays ; on sait que l'homme n'a pas seulement un corps qui se nourrit de pain, mais une àme dévorée par l'amour de l'étude. C'est un bonheur que l'on veut mettre à la portée de tous, celui de la science utile qui augmente le bien-être matériel, celui des lettres qui procurent les plus douces de toutes les jouissances.

Au-dessus de l'instruction populaire, il y a celle des savants. Jeunes, ils trouvent des écoles spéciales pour la carrière où ils veulent entrer : une des premières est celle où l'on forme l'esprit et le cœur des chefs de nos armées. Qui, plus que le baron Delort, pouvait connaitre les besoins de la maison de St-Cyr? Savant militaire, vieilli sous les armes, habile dans l'art des fortifications, ne pouvait-il pas reconnaître au premier coup-d'œil la sagesse de l'enseignement donné aux élèves? Sage inspecteur du

1. Sénèque. De tranquillitate animi. 3. Non is solus reipublicæ prodest qui tuetur reos et de pace belloque censet, sed qui juventutem exhortatur, qui in tanta bonorum præceptorum inopia, virtute instruit animos, etc.

pénitencier de Saint-Germain[1], il sait quel prix il faut attacher à la discipline, cette base de toute éducation. Partout où il passe, il la rend à la fois solide, ferme et douce, et veut que les maîtres soient craints et aimés. C'est son cœur qui paraît dans toutes ses inspections : il ne cesse de donner aux élèves des marques de sollicitude, et un jour, au nom de la nation, il défend leurs droits à la chambre des députés. Ce ne sont pas seulement des soldats qu'il veut trouver en eux, mais des hommes amis des lettres. Cette passion littéraire semble le guider dans l'intérêt qu'il porte à la jeunesse : elle se trahit de toutes parts, et dans ses papiers on retrouve, gardées précieusement, les meilleures compositions littéraires des élèves de St-Cyr[2]. C'est que, comme il le dit lui-même, il était « plutôt le père que le chef de ses subordonnés[3]. » C'est ce qu'il devait montrer à Metz dans une grave affaire d'où dépendait l'avenir de bien des jeunes gens.

Les orages qui s'étaient élevés au commencement du règne de Louis-Philippe n'étaient pas entièrement apaisés. A Metz, de jeunes officiers, égarés sans doute, avaient été admis dans des sociétés qui inspiraient au gouvernement des craintes pour cette partie du royaume. Les avis, les ordres avaient été méprisés, et le ministre obligé de punir. Le général Delort fut alors appelé au commandement de cette division. Que devait-il faire ? Exécuter l'ordre ? Sans doute ; mais auparavant, que de moyens n'emploie-t-il pas pour ramener à lui ces esprits encore inexpérimentés ? Il les mande auprès de lui, leur parle amicalement, dresse devant eux la noble image de la patrie qu'ils ne serviront

1. St-Germain-en-Laye. Inspecteur de 1835 à 1841, il reçut toujours des félicitations.

2. Papiers. Inspection de St-Cyr. 1834.

3. Lettre aux électeurs de Poligny... ibid. pour l'affaire de Metz.

plus, réfute leur faux point d'honneur, exalte le guerrier qui mérite des palmes dans les combats et sacrifie sa santé et sa vie pour son pays. Il ne les touche point ; son âme s'attendrit ; il songe à leur famille : vous avez un père, une mère, votre éducation est aujourd'hui terminée, mais quels sacrifices ne leur a-t-elle pas coûtés? Irez-vous, insensés, dans un moment de sot orgueil, détruire le bel édifice qu'ils ont eu tant de peines à élever? Allez, et pensez-y. Une telle sollicitude devait être récompensée : plusieurs cédèrent et le général ne fut heureux de ce triomphe que parce qu'il avait accompli une bonne action et gagné l'affection de ces hommes qui lui ont dû le bonheur de leur vie.

C'est à la jeunesse d'Arbois qu'il s'intéressait surtout : jusqu'à son lit de mort, il a pensé à elle. Il a voulu qu'ici on se souvînt toujours de lui. Ami d'une solide instruction mathématique, il a voulu qu'on vous la donnât, et bientôt vous jouirez du bienfait qu'il vous a accordé. Grâce à lui, un nouveau maître fortifiera votre esprit en vous ouvrant les sentiers de la science. Il voyait s'éteindre la race de ces vaillants capitaines, âmes vraiment magnanimes qui avaient si bien représenté notre province sur les champs de bataille de la Révolution et de l'Empire : il voulait que la Franche-Comté parût encore avec un nouvel éclat et que ses enfants fussent comptés parmi les plus zélés défenseurs du pays. C'était une grande pensée, bien digne d'un homme qui avait paru dans nos armées et dans nos assemblées politiques pour y faire briller tour à tour le courage du soldat et celui du citoyen.

IV. Qu'était-il devenu dans la tourmente révolutionnaire? Parti comme volontaire à dix-sept ans[1], soldat conquérant

1. Enrôlé comme volontaire le 15 août 1791 dans le 4ᵐᵉ bataillon du Jura.

de ses grades, en moins de dix années il arrive aux premiers rangs dans l'armée[1]. Les plaines de l'Italie ont été les témoins de sa bravoure[2]. A Austerlitz, il fait des prodiges de valeur ; en Espagne, il accomplit les plus hauts faits d'armes ; de tous côtés on célèbre pompeusement son courage et l'on craint de rester encore au-dessous de la vérité[3]. Napoléon, qui sait si bien juger les hommes, reconnaît en Delort un mérite éclatant, il lui donne le titre de baron de l'Empire, le crée commandant de la Légion d'Honneur[4], le nomme à Montereau général de division, assuré que ce nouveau grade est pour l'avenir le garant des hautes actions du héros qu'il récompense. A Ligny, en effet, et à Waterloo[5], Delort prouve à l'Empereur que son épée est toujours levée pour le service et la défense de la

---

1. Il fut nommé lieutenant-colonel en 1803.

2. Après la bataille du 26 mars 1799, il fut promu au grade de chef d'escadron au 2me cuirassiers. Il se distingua encore aux journées des 5 et 6 mai suivant. En 1804, à la tête d'un escadron de cavalerie, il força les postes avancés de l'ennemi à rentrer dans la place de Mantoue. (Archives de la guerre.)

3. Il prit part aux siéges de Gironne, de Tortose, de Tarragonne, se signala aux batailles du Pont-du-Roi, de Wals, de Wich, de Sagonte, etc... ; à Castalla, avec 3000 hommes, surpris, il défit le corps d'armée de J. O'Donnell. 1000 Espagnols tués, 4000 prisonniers dont 200 officiers, deux drapeaux pris et deux pièces de canon enlevées firent que Suchet en apprenant ce résultat s'écria qu'il fallait voir de telles choses pour les croire. Le souvenir de cette victoire est consacré par un tableau de Langlois au musée de Versailles.

4. Baron en 1810 ; Commandant de la Légion d'Honneur, 16 mars 1812.

5. Il eut à Waterloo 3 chevaux tués sous lui, ses habits percés de balles et plusieurs blessures graves ; il y fut admirable d'héroïsme et de dévouement. (Archives de la guerre.)

France. Depuis il ne paraît plus sur les champs de bataille; c'est auprès du roi, c'est dans les commandements militaires qu'il sert son pays. Allez et demandez à Marseille, à Lyon, à Grenoble, à Metz, ce qu'il fut en temps de paix. Lisez les lettres des ministres et apprenez de quelle estime il jouissait auprès de son souverain qui lui adressait des félicitations ou lui témoignait ses vifs regrets de ne plus l'avoir auprès de sa personne.

Ce n'est pas seulement dans les camps que se trouvent les serviteurs fidèles de notre belle patrie : vous connaissez ces assemblées où, comme à la tribune antique, se discutent les mesures qui pourraient être utiles ou nuisibles à la nation ; c'est là que le baron Delort est jugé digne d'entrer.

Son activité, loin de se refroidir, semble se raviver avec l'âge. Il y a en France « un petit coin de terre qui lui sourit plus que tous les autres ; » c'est là que souvent il passe de trop courtes heures. Ne pourrait-on pas dans cette contrée qu'il aime lui confier un mandat à la chambre des députés? Deux fois il obtint cette faveur de ses concitoyens, et son élection fut « l'expression bien libre[1] » de la pnesée de vos pères. Ses engagements envers ses mandataires sont d'autant plus étroits et sacrés qu'on lui « a témoigné une confiance illimitée[2]. » Aussi, faisant tout en vue d'augmenter la gloire du département qui l'a vu naître, il veut que la France entière connaisse le député du Jura qui vote « constamment en faveur de toutes les lois vraiment nationales, et qui a pour but d'étendre les droits civils à un plus grand nombre de citoyens[3] : » Son élocution facile lui permet de parler

1. Lettre aux électeurs de l'arrondissement de Poligny.
2.   Ibid.
3.   Ibid.

souvent à cette chambre, d'être souvent le rapporteur des diverses commissions dont il fait partie. Les veuves des anciens généraux[1], les vieux légionnaires[2], les députés et les électeurs[3] le voient tour à tour plaider leur cause et montrer que le cœur du soldat comprend les besoins du citoyen et ceux de la patrie.

C'est pourquoi, lorsqu'il quitte le Palais Bourbon, on le fait asseoir au Luxembourg, au milieu des Pairs. Bientôt on le compte parmi les premiers membres de cette auguste assemblée. Il y brille par sa science militaire que rend agréable un doux reflet des lettres. Il parle sur les fortifications de la ville de Paris[4], sur le recrutement de l'armée[5], sur l'organisation de l'Etat-major général[6] ; rien ne l'arrête, ni l'âge, ni les douleurs que lui causent ses nombreuses blessures ; quand il s'agit des intérêts de la patrie, il est toujours debout et sait montrer que « l'âme virile du guerrier est toujours maîtresse du corps qu'elle anime[7]. »

Guerrier, Député, Pair de France, il avait su accorder dans ses sympathies le bien de la nation et celui de ses concitoyens du Jura. Cependant il avait une particulière tendresse pour sa ville natale et son département ; son bonheur était de soutenir leurs droits et de saisir toutes les occasions de leur rendre service. Je ne puis vous

---

1. 27 janvier 1834.

2. 30 mai 1835.

3. Mars 1830. — Ce discours a été imprimé, mais n'a pas été prononcé.

4. Session 1840-41. — Le discours, quoique non prononcé, a été imprimé.

5. 3 juin 1841.

6. 13 juin 1838.

7. Bossuet. Or. fun. du pr. de Condé.

parler de toutes les circonstances où, dans sa vie, il a fait du bien à ses compatriotes ; mais les archives de la guerre ont conservé un trait qui à cet égard est caractéristique. C'était en 1812. Il était en Espagne : il semble qu'à cette époque, pour moins souffrir des privations qu'impose la guerre, il devait avoir besoin d'argent ; il paraît cependant oublier ce souci. Ses soldats éprouvent sa bienfaisance, ce sont ses amis ; ils ne sont point seuls, Arbois occupe aussi une large place dans ce cœur plein de bonté, et les malheureux, les malades attirent surtout son attention. Du fond de l'Espagne, il voit leurs misères, et pour les adoucir, il envoie 8000 francs au profit des hospices de cette ville qu'il devait doter encore avec munificence à ses derniers moments[1]. On le remercia, il fut heureux, il voulait déjà mériter votre reconnaissance, vivre dans votre souvenir. Il vit et vous reconnaîtrez encore la justesse de l'éloge de vos aïeux qui ont écrit : « Avoir
» servi son pays avec distinction, l'avoir défendu au prix
» de son sang, c'est la gloire qui brille sur le front d'une
» multitude de guerriers français ; mais rehausser cette
» gloire par des vertus douces et bienfaisantes, honorer
» la patrie par des talents distingués, et au milieu des
» camps, s'occuper des malheurs de l'humanité souffrante,
» tendre une main généreuse et protectrice aux indigents,
» c'est l'heureuse prérogative d'un petit nombre d'âmes
» élevées, et le caractère distinctif d'un cœur généreux
» et sensible. Telle est la précieuse réunion de vertus et
» de gloire dont le baron Delort offre l'exemple à son
» pays. »

Ce premier acte de générosité était le fruit de son cœur compatissant ; mais son zèle pour l'éducation publique

---

1. Par son testament, il lègue 35,000 francs à l'hôpital d'Arbois.

vous réservait un autre bienfait que vous venez de recueillir. Je vous ai recommandé le travail et la culture des lettres: vous irez tous, habitants de ce pays, demander à la bibliothèque votre part des trésors que Delort dans sa bonté y a fait déposer pour vous; et vous, chers élèves, vous irez comme de laborieuses abeilles activement butiner sur ces fleurs pleines du miel de l'Attique, de la sève vigoureuse de Rome et des parfums de notre littérature nationale. Causez longuement avec les grands écrivains, familiarisez-vous avec eux, et vous verrez tout ce qu'on retire du commerce des hommes qui ont aimé le travail et cultivé les lettres.

Henri CHAPOY.

Arbois, 7 août 1869.

Emir Javel, imp. à Arbois.

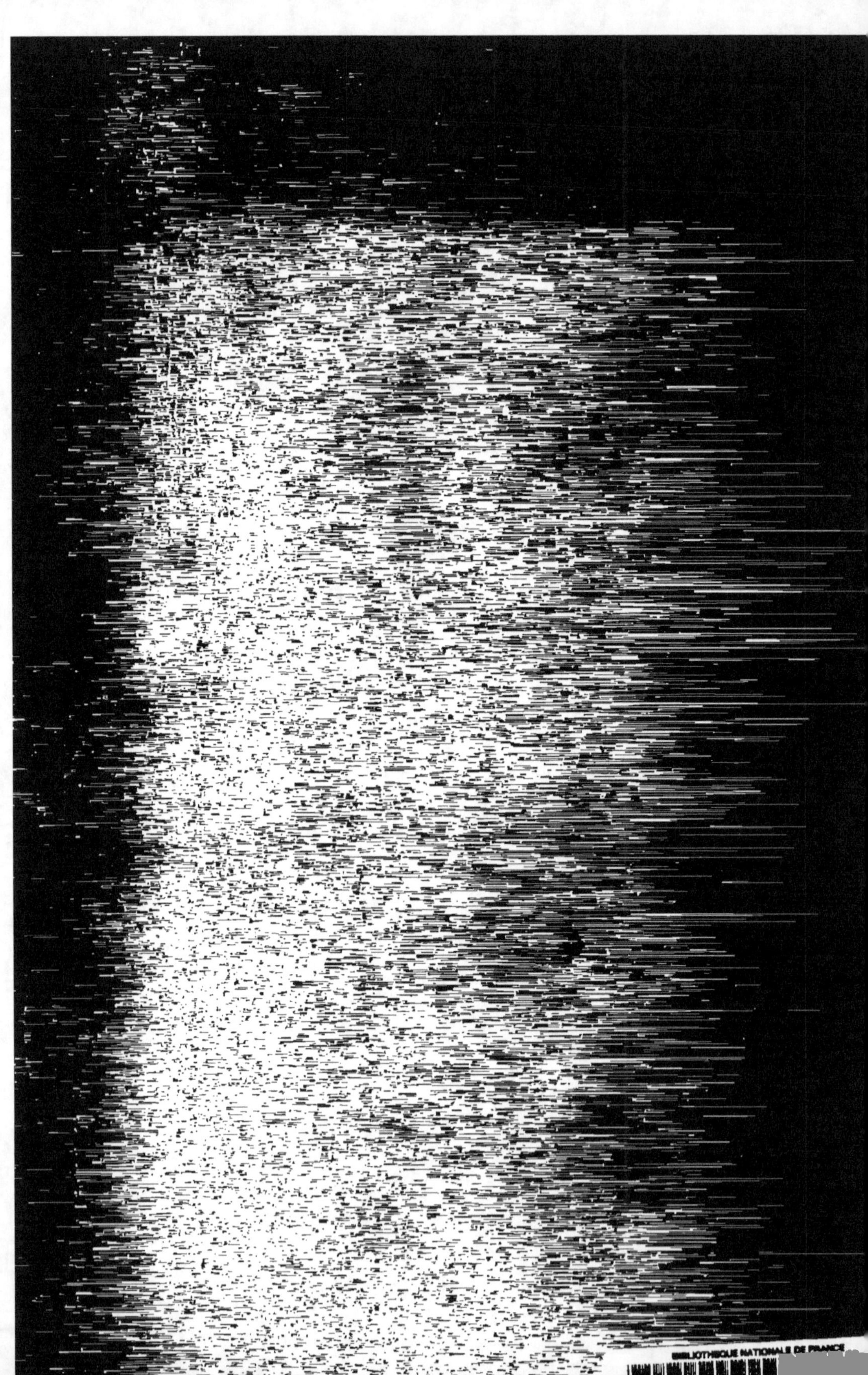